Little Saint ADVENTURES ™

This workbook has one goal: to invite your child to learn about the Catholic Faith in a fun, engaging way.

Whether you use it as a companion to the "Little Saint Adventures" app or on its own, we pray these activities help your child grow in love and knowledge of God.

Sophia Institute Press®
Box 5284, Manchester, NH 03108
1-800-888-9344
www.SophiaInstitute.com

TABLE OF CONTENTS

Day 1

God separated the light
and the darkness

Day 2   God created the sky and the sea

Day 3 God created land and vegetation

Day 4 God created the sun, moon and stars

Day 5 God created birds and fish

Day 6

God created land
animals and humans

Day 7

God invited us to
rest with Him!

I AM GOD'S GREATEST CREATION!

List specific things in each bubble below that make you special!

God made me look like:

God made my personality:

I was made in Gods image:

I am creative like God:

I see God in others:

A LETTER OF THANKS

God has given us so many wonderful gifts, write Him a letter that includes some things you are thankful for!

Dear God

_____

_____

_____

_____

_____

_____

_____

_____

_____

_____

_____

_____

Thank You!

_____

Original Sin Word Search

```
X P H S Y P A Q S D X M H R X R
N S N A K E B J B P Z E H L C J H
S F H G E L O V E G N P D S G Q Z
Q Y Z W P A R A D I S E E O E A O
B Z X R U P T T N C U E A K R U U
N W L X L I Q E V E Q A T N C E I
R W R G A R D E N J O I H O R I L
U O R I G I N A L S I N E W E P B
J B W W F A S R G M L X E L A R Q
E V R I G H U H Q F Q L P E T O K
D G H S D N F R A R C X J D I M I
E D A D O P F P U E N S W G O I A
N E D O F O E S V E T B V E N S K
W U A M H R R K O W F R U I T E O
G P M F T P I Y U I G S C U F G M
H G V L A S N Q S L Q D A C H K Z
A D X V A B G L Z L N S V W L P V
```

Word List

PROMISE	WISDOM	DEATH	GARDEN
SUFFERING	LOVE	ORIGINAL SIN	FRUIT
PARADISE	FREE WILL	SNAKE	EVE
KNOWLEDGE	CREATION	EDEN	ADAM

Original Sin Crossword
(Read Genesis 2–3)

DOWN

1. ADAM AND EVE SINNED BY EATING THE _____.
2. ADAM AND EVE WERE TEMPTED TO SIN BY THE _____.
3. THE NAME OF THE FIRST MAN GOD CREATED.
5. THE NAME OF THE FIRST WOMAN GOD CREATED.

ACROSS

4. GOD TOLD THEM NOT TO EAT THE FRUIT OF THE
   TREE IN THE _____ OF THE GARDEN
6. AT FIRST, ADAM AND EVE LIVED IN THE GARDEN OF _____.

Creation Garden Word Search

```
J  T  L  S  I  S  T  R  E  E  S  C  D  X  V  K  A
L  I  I  S  T  C  G  R  D  A  F  F  O  D  I  L  G
A  R  L  C  A  R  R  O  T  H  B  K  Y  V  K  F  O
R  E  Y  U  Y  R  L  B  P  J  A  W  D  E  A  T  Y
F  S  M  D  F  X  K  Z  M  D  Q  K  C  G  K  D  X
M  B  O  G  X  T  P  J  F  C  Q  N  V  E  X  A  P
K  E  W  A  T  E  R  I  N  G  C  A  N  T  G  I  Q
N  A  Q  C  F  L  O  W  E  R  B  E  D  A  A  S  Q
O  U  K  R  H  W  D  X  B  C  O  R  N  B  R  Y  K
T  T  D  E  G  W  P  U  V  J  S  N  Y  L  D  L  T
I  I  C  A  H  E  U  L  J  H  R  M  R  E  E  M  P
T  F  O  T  R  H  M  C  A  B  B  A  G  E  N  P  B
Z  U  L  I  N  E  P  E  B  S  V  X  N  M  S  I  V
L  L  F  O  Z  S  K  D  E  V  P  U  K  J  M  A  R
O  X  O  N  R  I  I  D  R  U  V  F  I  Y  Y  G  P
P  V  Q  I  C  N  N  G  A  R  B  A  G  E  B  B  R
F  L  O  W  E  R  S  T  C  F  R  A  N  C  I  S  X
```

Word List

BEAUTIFUL	DAISY	LILY
CABBAGE	FLOWERBED	PUMPKIN
CARROT	FLOWERS	TIRES
CORN	FRANCIS	TREES
CREATION	GARBAGE	VEGETABLE
DAFFODIL	GARDEN	WATERING CAN

Find My Family — Drawing fun!

COMPLETE THE DRAWING OF THE MOUSE.

Clue:

COMPLETE THE DRAWING OF THE OWL.

Clue:

COMPLETE THE DRAWING OF THE PANDA.

Clue:

Nazareth Village

We will learn about Jesus and His Family with St. John the Baptist

Mary loves the Trinity, God the Father, the Son and Holy Spirit.

Mary is the spouse of the Holy Spirit. Together, they love and care for us.

God created Mary to be Jesus' mother. Jesus got to choose and help create His own mother! That is why she is perfect.

Jesus asked Mary to be our mother while He was dying on the cross. That makes Mary our mother too! She takes care of us just like she took care of Jesus!

Mary always said YES to God.
She loved God so much that she never committed a sin!

Jesus was Mary's only child. She gave her whole life to God and cared for His only Son, Jesus.

Mary teaches us to pray. Mary always said her prayers. She was talking to her family in Heaven!

Mary is called "the Immaculate Conception". That means that she was born without sin. God created Mary to be Jesus' mother. The Holy Spirit protected Mary from Original Sin.

You can be like Mary and pray. You can talk to your family in Heaven and listen to the Holy Spirit.

We can listen to the Holy Spirit and help others! The Holy Spirit told Mary
each good thing He wanted her to do

Mary was there when Jesus performed His first miracle! At the wedding of Cana, the Holy Spirit told Mary that the bride and groom were out of wine and that she should ask Jesus to help. So Jesus performed His first miracle-- changing water into wine.

Mary prays for us. Mary can pray for us because she is in Heaven with God.
Jesus loves His mother and He loves to answer her prayers for us!

Jesus opened the gates of Heaven for us and we will live there forever with Him and His mother. Jesus and Mary are called the New Adam and the New Eve. The first Adam and Eve sinned in the garden. Mary, the New Eve, never sinned. Jesus was God and He came to earth to save all of us from our sins by dying on the cross for us and opening the gates of Heaven.

LET ME HELP!
Seek & Find

Find the objects on the left in the picture above.

The Nativity Story Word Search

```
F J N N N A U V M Y R R H D S Q W
Q P R S U N C W R A Z T D F H K X
B L B A I X D B O H O Z S S E L Y
M W N V T H Z H F L P Q I H E B X
B I A I X S I N X H X P L N P I Q
P S T O G H Z W R G X G Q M K R K
B E I R E E Q R X R S Z K M O T X
E M V B A P G W M S O P A S H H W
T E I C A H S D V Q V F N T S D I
H N T N T E Z I K J D Z G A T A S
L L Y M O R O W I M C Q E B A Y E
E I D A I D W E O H Y N L L R Z B
H V O R H S L U L C G K S E R C S
E G N Y X R P J E S U S L L W B D
M O K P L V U E M A N G E R A W J
E L E C F R A N K I N C E N S E O
R D Y X I W Q T J O S E P H U Q Y
```

Word List

BIRTHDAY
JESUS
NATIVITY
MARY
JOSEPH
WISEMEN
BETHLEHEM

DONKEY
STABLE
MANGER
SHEPHERDS
ANGELS
SHEEP

STAR
JOY
SAVIOR
GOLD
FRANKINCENSE
MYRRH

Angels visiting the Shepherds

The Nativity

Meet the Family Word Search

```
M Z M Y L G E E X Y Q D O V A G T
E O J Y I Y W B A Q N Z K T N S H
G Q D E L I Z A B E T H F D N B O
J O S E P H F G V I Y Z D G Y R L
E U E P V I L Y Z G U S Y J E D Y
W J Q R I A G Z E C H A R I A H F
A L I I R Y I F G R N G O H R E A
F T I W P X P I H H F H J Q E U M
M E J O H N T H E B A P T I S T I
I M J A A R L J Q T C F I P W H L
J A O O U A G N O P G Y B Z P J V
V R D X C N H I J J J R H V M J E
S Y A L I W F A W M E H Z R M T W
B B J J E S U S M X J O A C H I M
Y Y W I G A T V V O K V T T G E M
O X T R I N I T Y R S Q L G S B J
Y K A X H C U T N R Q X E O G R O
```

Word List

HOLY FAMILY
JESUS
JOSEPH
MARY
JOHN THE BAPTIST

ELIZABETH
ZECHARIAH
ANN
JOACHIM
TRINITY

Jesus' Family in Nazareth

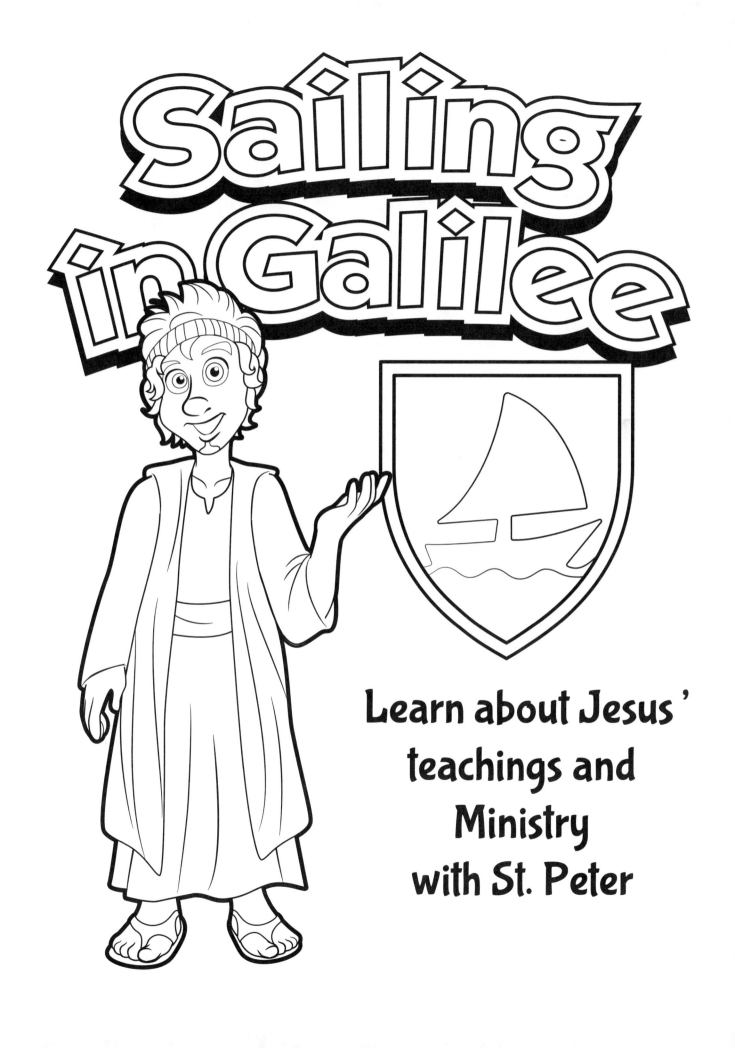

Sailing in Galilee

Learn about Jesus' teachings and Ministry with St. Peter

What would Jesus do?

What would Jesus do?
1. Pray to God Every Day

What would Jesus do?
2. Pray to God Every Night

What would Jesus do?
3. Be Helpful Around the House

What would Jesus do?
4. Be Kind to Family

What would Jesus do?
5. Be Kind to Others.

What would Jesus do?
6. Study Hard

What would Jesus do?
7. Respect Life

What would Jesus do?
8. Help the needy

What would Jesus do?
9. Keep God's Commandments

What would Jesus do?
10. Be Generous

What would Jesus do?
11. Be Brave

What Would Jesus Do? Word Search

```
O C X B I I K I N G D O M R C I G
F O R G I V E N E S S L J X H G P
B S C E R Z B O H G W U Z J I T P
E A T N A Y T Z T D H E I M L R D
W L T E T K G E N E R O U S D E C
K I B I E W H L O V E L A F R A O
C S B G U G E J U A Z I D O E S M
B T V H C D A M C G P G A R N U M
N E K B H L V V K S R H R P T R A
Y N O O A K E Q M K R T K G R E N
J W D R R J N M A S G F N F U J D
H F W M I R E S T Q I M E S S Z M
G N X A S F A M I L Y B S C T Y E
A V P E T E R P H E L P S X N N N
I H O Z Q J K I N D N E S S R H T
R O J E S U S W F A I T H N E J S
R N X U E P R A Y E R H H G G U F
```

Word List

JESUS
PETER
LIGHT
DARKNESS
EUCHARIST
KINDNESS
LISTEN
PRAYER

FORGIVENESS
TRUST
FAITH
HEAVEN
TREASURE
GENEROUS
REST

HELP
COMMANDMENTS
CHILDREN
KINGDOM
LOVE
NEIGHBOR
FAMILY

Jesus invited Peter to Walk on Water with Him! – Matthew 14:22 – 33

The Feeding of the Four Thousand – Matthew 15: 32 – 38

The Transfiguration – Matthew 17:1 – 8

The Healing of the Paralytic – Luke 5:18 – 26

Fishing with Peter on the Sea of Galilee – Luke 5: 4 – 11

The Cleansing of a Leper – Luke 5: 12 – 16

Jesus ministers to a great multitude – Matthew 4:23 – 25

Miracles of Jesus Word Search

```
F I S H I N G V P A R A L Y T I C
U C L B C B H D O U B T D G K K M
I L A E U E L I J A H U L D T C S
S E Z L M W A T E R B L I N D R M
M A A O O R S H U N G R Y X B I I
E N R V S F A I T H O U J N Z P R
D R U E E S H E A L I N G W E P A
S I S D S H U S H C T L K G Y L C
T R A N S F I B U R A T I O N E L
R C T L O V E W B A T E C I K D E
N E T S N X Z C G A L I L E E C T
Q B O A T C E M J F I S H U C L O
N D F C R O W D S Q L O A V E S M
T Y C O M P A S S I O N B J L S B
F O R G I V E N E S S Z U W S Z N
A V X B B G O R O O F H U N S E F
W A L K I N G L E P R O S Y V N D
```

Word List

WALKING	BOAT	BELOVED
WATER	FAITH	ROOF
TRANSFIGURATION	DOUBT	FORGIVENESS
HEALING	CROWDS	NETS
PARALYTIC	COMPASSION	LOVE
FISHING	HUNGRY	CLEAN
LEPROSY	LOAVES	BLIND
LAZARUS	FISH	CRIPPLED
MIRACLE	MOSES	TOMB
GALILEE	ELIJAH	

Jesus brings Lazarus back from the dead – John 11:1 – 44

Jesus is the Good Shepherd!

Draw some sheep to add to His flock

Example:

Feeding the Hungry— Drawing fun!

COMPLETE THE DRAWINGS OF THE LOAF OF BREAD.

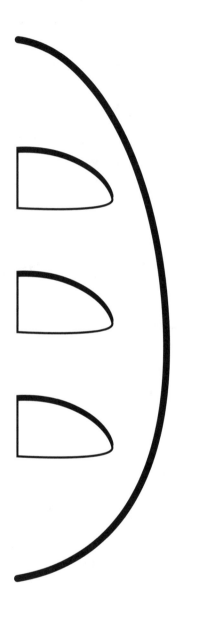

Clue:

Feeding the Hungry— Drawing fun!

COMPLETE THE DRAWINGS OF THE BASKET.

Clue:

THE PERFECT PRAYER

The Our Father is a beautiful prayer. Jesus also loves when we pray from our hearts about anything and everything we would like to share. Use the space below to write your own prayer to God!

Dear God

_____

_____

_____

_____

_____

_____

_____

_____

_____

_____

_____

_____

Thank You!

_____

The Last Supper – Matthew 26: 26 – 30

The Agony in the Garden – Matthew 26: 36 – 46

Jesus Carries the Cross – John 19:17

The Crucifixion – Luke 23:33–49

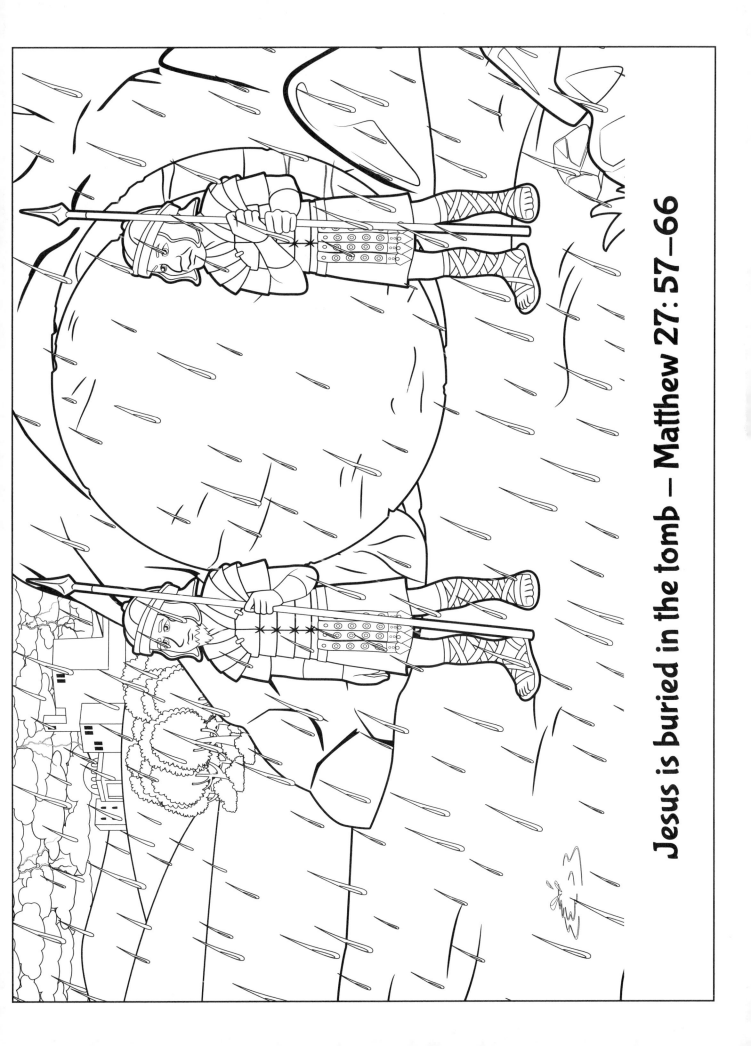

Jesus is buried in the tomb — Matthew 27: 57–66

The Resurrection – Matthew 28:1–8

My Parish Family

We will learn about the Church with St. John Paul II & St. Faustina

Start the Church Word Search

```
Q V H J A W A V V W E N D Y V Q L
C P A R I S H U M H V G C U W C R
F A M I L Y J U O K A Q T J G N C
P M S Y V N G S A L N Y J X P P G
A D R G U F E U W F G X F M Y R Z
N D I S C I P L E S E W B R B I M
A C P R H P X T U O L T A N O E P
Q L D O X A L L S A I N T S C S E
D X R C I A Y Y E E Z P J S Z T T
M Z O K A W M C E K E X S I H H E
N A U C H U R C H T B V Y R I O R
A P O S T L E S N H E A V E N O H
N V G K F A Z N Y P X J Q S C D I
R S A C R A M E N T S Z R B I P H
I H T V U G K E B A P T I S M S D
W I A E O D F F P E N T E C O S T
Z K N K H Z D R Z R H U M U Y E W
```

Word List

ALL SAINTS
PARISH
HEAVEN
APOSTLES
BAPTISM
PENTECOST
EVANGELIZE

FAMILY
CHURCH
PETER
ROCK
PRIESTHOOD
SACRAMENTS
DISCIPLES

Heal Me Jesus Word Search

```
L L J O Q X N L O T B I C H A D D
L A T E M P T A T I O N D T M I F
F D K H M E A H E N M T G R F V K
R E L A T I O N S H I P C I T I I
S U N H B F Z T X U C X J N D N H
A H G U P O I G G B R B V I L E O
V E W S D R U G O B E M S T O M L
I A T X U G W R S L A C D Y V E I
O V A P N I Y C P B T Y M L E R N
R E R F F V H B E S I U O W M C E
K N U H X E T O L I O K M Q G Y S
Z P Z B B N J V V N N W U X D S S
S N B Y X E C H U R C H Q R Y N Y
G R A C E S N M Q N R E Z E Q C G
C B B K X S S M X M B A P T I S M
O D U T S F Q Z K X B B P Z J M V
W X A S Z S A C R A M E N T S O F
```

Word List

GOSPEL

TRINITY

LOVE

CREATION

SIN

RELATIONSHIP

HEAVEN

SAVIOR

FORGIVENESS

BAPTISM

CHURCH

SACRAMENTS

GRACE

HOLINESS

TEMPTATION

DIVINE MERCY

Sacraments of Initiation
Baptism

Sacraments of Initiation Word Search
– Baptism –

```
F W A U Q D N Q H G P U N G W Q Y
O K N R H X N D W A R P P F Y V R
N N P H P P A R E N T S E D G E V
T E B R R M H J I V M P I W W W G
I N I T I A T I O N J O W Y O H P
C C X G E A Q Y Y L N W R O A I T
R C F F S F A Z R J S H L F T T B
E R H L T L O Y D Q I F V V Z E A
B A P T I S M A L C A N D L E G B
S T U P U E Y D H W U H Q F N A Y
W B G O D P A R E N T S U B M R M
A O V X I S B K Q Z C H S K I M R
T L W W C N D X D R J E C Z X E M
E W Z U G Y C N P Q S L L F Z T O
R U D F O G A J T M L L U A E H F
M F C E P A S C H A L C A N D L E
K X U D S C Z Q K H E X S X C S K
```

Word List

INITIATION
PRIEST
BABY
PARENTS
GODPARENTS
FONT

WATER
PASCHAL
CANDLE
BAPTISMAL
CANDLE
WHITE GARMENT
SHELL

Sacraments of Initiation
Eucharist

Sacraments of Initiation Word Search
– Eucharist –

```
H C R U E T S O I R P H H C W W L
M B A W J P A T E N V R X G X U R
A C L B J K P M Q P S U P R W R C
P R M Q B U V Z Q R I T Y C M S H
P U R I F I C A T O R X K U H I A
O J M Y C Q A V B Q R V P P W T L
M Z H M K D L Y E L W W A I S F I
M F E E G U Q E A Z C A N D L E C
U A S H S R O M A N M I S S A L E
P S A N C T U A R Y L A M P Z C J
A B I E O G T A B E R N A C L E M
D H L E P M G F I A S A Q X Z O L
A L T A R Y N P U X D P L H H R U
W Q M K K G E X G M G S B R Z G D
X S A L M C O R P O R A L M I K M
F Y D R U K C I B O R I U M E L V
Q Y W K A W J G W H O S T X M W G
```

Word List

ALTAR
ROMAN
MISSAL
HOST
PATEN
CHALICE
CORPORAL
CIBORIUM

CANDLE
CUP
PURIFICATOR
CRUETS
TABERNACLE
SANCTUARY
LAMP

Sacraments of Initiation
Confirmation

Sacraments of Initiation Word Search
– Confirmation –

```
B G L C C C A I X L I R O N N R B
M Q U V S H H X O Q H T F A V C O
I N M C G R J I A T P W R Q C N G
W O I Z R I W D O V E F J G H W S
H M T K Z S D L B E Y T G Q I B B
A H H Q G M Q D P Q K I Z N M N Y
D Z V P F C G C A W H R W W I P K
K D V G L Q C O T S I M U R R D L
Z J D K G N R M Y D N D D K G
K C I Y E B W F O Z J O Y W O A V
A I J F E I B I N Q Q B B K A D H
P H W K W S R R S I G F O D S V J
M I I O H H P M A G W X W G O L G
Y S O S G O I A I K D C I U O A T
O H B A S P D N N J J L O R Z U M
E A C S E P W D T C X D Y O S F E
S P O N S O R I G Y M F B S O J C
```

Word List

BISHOP   CHRISM
DOVE   SPONSOR
CONFIRMANDI   PATRON SAINT

Sacraments of Healing
Reconciliation

Sacraments of Healing Word Search
– Reconciliation –

```
P D Q K V F I M S P F W G S D F A
R H J N C A T X Y I Q M U X A N B
I Q Q D W T C P E N I T E N T W S
E U D Z P L G F U X Q C A E J I O
S J W U Z C O N F E S S I O N T L
T A C T O F C O N T R I T I O N U
G S Q Y B D A E U P K R D M R T T
L G G W V Z W I H K I T R E S T I
C O N F E S S I O N A L D L U Y O
P A T G G O D J C R U C I F I X N
P E N A N C E S A L R E V J J I M
P E M W G S P H N S W K H R K C O
X Z B Q X Q U I P C Q X H K I F E
C E S Q N I R D W D T T J E Q J E
V Y V E X A M I N A T I O N J N M
P S A T I S F A C T I O N R M T I
C V J V T T H V J D U S T Y T G F
```

Word List

CONFESSION
PENANCE
SATISFACTION
ABSOLUTION
PENITENT

PRIEST
CONFESSIONAL
CRUCIFIX
EXAMINATION
ACT OF
CONTRITION

Sacraments of Healing
Anointing of the Sick

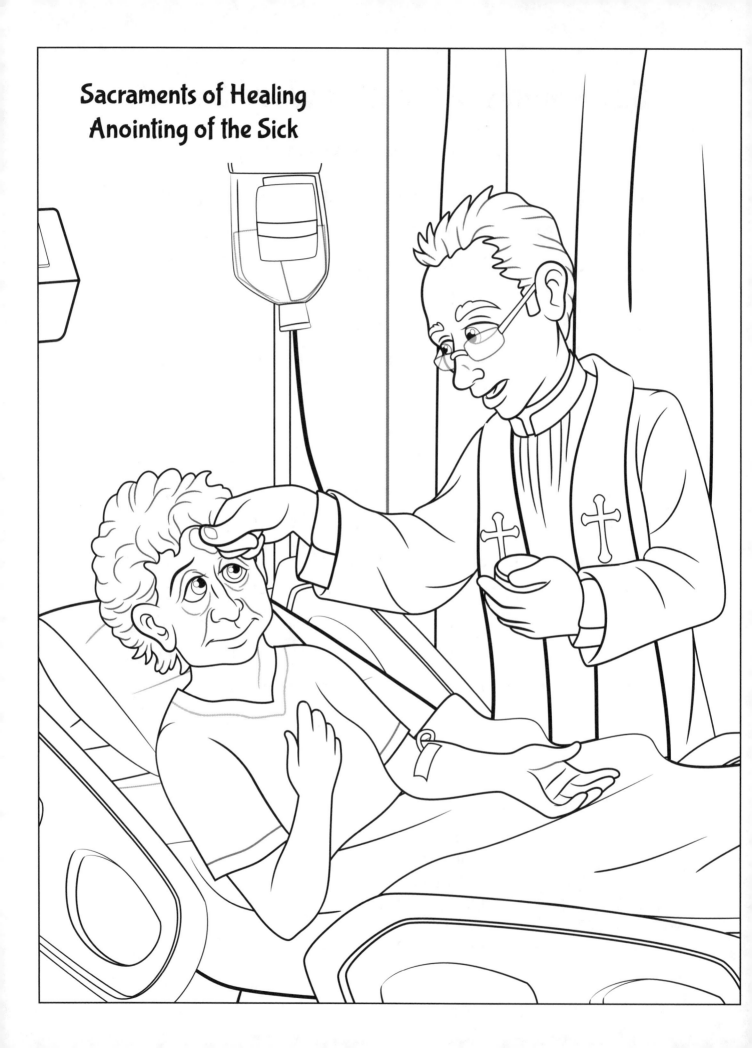

Sacraments of Healing Word Search
— Anointing of the Sick —

```
Y  X  B  D  H  R  N  U  M  X  P  Y  F  D  N  L  Q
O  I  L  O  F  T  H  E  S  I  C  K  P  P  Y  X  Y
W  P  E  A  C  E  O  R  H  R  J  S  I  P  U  G  Q
K  J  G  K  R  L  M  U  N  E  O  X  E  X  Q  X  L
H  E  A  L  I  N  G  T  Y  X  Y  R  P  E  J  J  K
Q  I  Y  O  S  M  X  I  T  N  A  F  Q  J  R  A  F
Z  V  F  R  R  A  J  U  P  P  R  A  Y  E  R  M  R
O  T  Q  G  O  D  H  J  L  Q  O  J  A  F  B  Q  C
Z  V  L  A  S  T  R  I  T  E  S  Z  Z  G  D  Y  E
P  H  T  K  Z  W  F  Z  I  O  V  L  Y  E  O  B  F
Y  O  E  B  R  G  G  K  J  S  M  E  A  K  R  K  B
H  I  S  G  B  X  L  K  X  S  P  K  D  C  S  J  H
M  N  K  I  W  C  T  T  R  T  W  O  P  N  K  M  R
T  M  L  O  J  T  F  K  X  O  N  Y  U  J  X  J
Z  Q  Z  O  L  W  V  I  K  P  C  A  N  D  L  E  J
N  K  M  O  W  Z  H  T  L  J  A  O  O  L  M  O  E
J  C  J  S  F  B  T  E  M  L  R  J  D  M  S  A  R
```

Word List

HEALING   CANDLE
PEACE   PYX
JOY   LAST RITES
OIL OF THE SICK   PRAYER

Sacraments of Service
Holy Orders

Sacraments of Service Word Search
– Holy Orders –

```
S C M Z R Q V V P O E G V K X R V
B R Z S Z Q X L Z W R A E X A A Y
J N A M N Q K V A O G I X J B F P
S H E I T C H A L I C E I N E A Z
I E Y U Z P G K U R C M A V W H T
S V R P J Z T T S G S Q Z H G F N
D J F P W T F N F P U I Q B C E U
O I K G Y H Z H O L I N E S S P P
E V S G J X E N T P U H Q H G Z R
S E A N Y F J S B I S H O P U Y R
C S P Y B A G L W M X T U A P K V
H T X P B W D O Q V K X T I Q S V
U M H A Q M Q B W E D X S X Q T R
R E Z T Z P R I E S T C I G T L I
C N Q E Q W C H R I S M H P T L P
H T G N A T V D F B Y F F O Q C R
F S Z A K Y L G P V E G J Y C Z D
```

Word List

BISHOP   CHALICE
PRIEST   PATEN
CHRISM   HOLINESS
VESTMENTS   CHURCH

Sacraments of Service
Marriage

Sacraments of Service Word Search
– Marriage –

```
N Y T H O L Y W A T E R M C V X E
K D K C O A B E O B F O D A U E A
F U N I T Y C A N D L E Z W W F S
D C W V I H P D T Q A X I A D W T
A F R E K O H T J J V H K G J X E
I O I B L G O O K C A L I D D S R
H X N C E Z R Z L L A G B J G C C
G S G J O S E P H K I J H H J L A
W H S K T T I G E X O B O L E T N
G A T Y F D Q B P N Y R A R E I D
R N U N L C A R J M I Q I M Z K L
O C C S C B Z I Z F S E C M C O E
O B P M W A L D N E Y K L U E E J
M E B S U G T E H S F A M I L Y J
X Y M G Z Z M F C A M A R Y Q O A
S A M R S A Y N Z P Z Z J K H V X
M R P M A K G I W H I F W G P T K
```

Word List

BRIDE
GROOM
RINGS
EASTER CANDLE
HOLY WATER

UNITY CANDLE
MARY
JOSEPH
FAMILY

Shamrock Isle

We will learn about the Trinity and St. Patrick

St Patrick Story Book Word Search

```
S O D D L G T R I N I T Y J D F X
H Q W L L M E S C A P E B J Q T S
A Y U B Z H L Q O Y O X T Y Q K H
M O O I O T H R E E L E A V E S R
R F J S O W J F P L U I P Z Q D P
O K P H X Y N A C W I R V E O R H
C H D O L J F T N F S E O P O E E
K O A P Y R I H J D G L V P W A R
B M O A H P L E P I R A T E S M D
K E L R N L S R G E P N U B S G O
B A P T I S M F B J V D W O T C S
H S E W P S M J C G R Q N X Q O S
R E T U R N W A D P R I E S T P K
V S W C A R B K V P Z W L O X I G
Q H O L Y S P I R I T K Q S A D Q
I Y T X E D K F B A N K L N A M A
V B M J R Z Z K P Z S O N R A E R
```

Word List

SHAMROCK
PIRATES
IRELAND
SHEPHERD
PRAYER
DREAM

ESCAPE
HOME
PRIEST
RETURN
BISHOP
TRINITY

THREE LEAVES
FATHER
SON
HOLY SPIRIT
BAPTISM
SACRAMENTS

Noah builds the Ark – Genesis 6

Noah releases a Dove – Genesis 7 – 8

God's Covenant with Noah – Genesis 9

Ark Memory Letter

Noah took great care in matching the animals two by two to go into the Ark. God takes the same sort of special care of you! Can you write a letter to God thanking Him for a time where He watched over you in a special way?

Dear God

_____

_____

_____

_____

_____

_____

_____

_____

_____

_____

_____

_____

Thank You!

_____